RESILIÊNCIA

**Descobrindo Sua Força Interior Para
Superar os Desafios da Vida**

Por

Priscila Freire de Oliveira

Dedico esta obra aos três grandes amores da minha vida. Meus filhos.

Sophia, minha mocinha, linda, resiliente e forte. Nicolas meu príncipe gentil, inteligente e amável e Rebeca, minha princesa doce, comunicativa e presente que a vida nos deu.

Minha resiliência só cresceu quando vocês vieram fazer parte da minha história.

Amo vocês...

Sumário

Prefácio

A vida é cheia de altos e baixos, de momentos de alegria e momentos de tristeza. Às vezes, as coisas não saem como esperamos e enfrentamos desafios que parecem insuperáveis. Nesses momentos, é fácil se sentir desanimado e desistir.

É aí que uns se diferenciam dos demais, superam, se levantam das quedas da vida, sacodem a poeira e dão a volta por cima. Isso é o que chamamos de resiliência.

Resiliência é a habilidade de lidar com esses desafios e superá-los, ela ainda é a força interior que nos permite enfrentar as dificuldades da vida e continuar avançando. Neste livro, vamos explorar o que é resiliência e como podemos desenvolvê-la em nossas próprias vidas.

Nunca se ouviu tanto a palavra resiliência. A força da palavra e sua aplicabilidade já existiam, mas o termo era pouco disseminado. A palavra resiliência era substituída por adjetivos como guerreira, vitorioso, forte, persistente, etc.

Mas nos últimos anos a palavra ganhou popularidade.

O termo se tornou um jeito de levar a vida, um mantra e uma forma de se inspirar para ultrapassar os obstáculos da vida. Afinal quem não tem problemas para superar?

Ser resiliente está atrelado a forma como você lida com as adversidades da vida, você já se perguntou o quão é resiliente?

Você já percebeu que algumas pessoas têm mais facilidade para se recuperar do que outros, de eventos dolorosos ou traumáticos?

E mais, você já observou como algumas adversidades para uns são praticamente impossíveis e para outros dá para superar?

E porquê será que algumas pessoas não conseguem superar momentos ruins da sua vida?

Para diversos profissionais da psicologia essas têm sido questões de foco nos últimos anos.

Imagina poder entender a capacidade de uma pessoa se adaptar aos eventos da sua vida. Isso de fato é algo que deve ser analisado com cautela.

Um resiliente consegue superar mais rápido e com menos estresse os eventos que normalmente são complicados de lidar.

Imagine-se entendendo o processo de se tornar resiliente e o passo a passo para alcançar esse perfil.

Imagine-se superando, não ignorando, nem deixando de ter problemas, porque isso seria praticamente impossível, mas imagine-se conseguindo passar por todas as adversidades e absorvendo um impacto menor do que você absorve hoje.

Como uma pessoa que lidou com diversos eventos traumáticos e eventos que se faziam necessárias superações impensáveis, resolvi escrever para que você também possa se tornar resiliente.

Este livro é para você que está sempre buscando superar as adversidades da vida.

5

1

O Que é Resiliência?

Antes de falar um pouco mais sobre como se tornar uma pessoa mais resiliente, é importante que você entenda o significado da palavra resiliência e como ela pode afetar a qualidade de vida das pessoas.

Resiliência é a capacidade de lidar com situações adversas, superar obstáculos e se adaptar a mudanças de forma positiva. É a capacidade de resistir, se recuperar e prosperar diante de desafios, estresse ou traumas.

Em outras palavras, a resiliência é a habilidade de enfrentar problemas, aprender com eles e se tornar mais forte e mais capaz como resultado. Pessoas resilientes não são necessariamente imunes às dificuldades, mas têm uma capacidade maior de lidar com elas de forma saudável e produtiva. A resiliência pode ser desenvolvida e aprimorada.

Mas por que eu falo aprimorada?

Ora, porque todos os seres humanos já nascem resilientes.

O fato de você ter sido gerado já foi um ato de resiliência, o ato de ultrapassar a barreira para fecundar o óvulo já foi ser resiliente.

Você ter sido gerado num ventre por até 42 semanas é resiliência.

Aprender a sentar, andar, falar e aprender a viver são atos de resiliência. Então é válido ressaltar que todos os seres humanos têm resiliência. No entanto, há pessoas que têm uma maior capacidade de se tornar resilientes em situações adversas. E pessoas que a depender da situação se deixam afundar, se deixam diminuir, se deixam abalar e, em consequência disso ficam doentes fisicamente e psicologicamente, por isso é tão importante aprender a ser resiliente.

Mas não se engane, ser resiliente não significa que você não se sinta triste, com raiva ou magoado. Na verdade, quando você se sente dessa maneira é que você demonstra sua resiliência. Você é resiliente quando lida com as situações de uma forma melhor, mais rápida e mais branda.

Imagine que uma criança está aprendendo a andar de bicicleta e na primeira curva, apenas após cinco metros pedalando, leva um tombo. A criança chora e não quer mais saber de tentar aquele dia. No outro dia tenta mais algumas vezes, agora só cai na terceira volta. Tenta novamente e cair se torna mais esporádico. A criança ficou resiliente e as quedas se tornaram mais raras pela persistência.

A persistência cria habilidade.

Partindo deste princípio, a resiliência pode ser definida como a habilidade de aprender com as coisas ruins que acontecem na sua vida. Desta maneira você supera as situações ruins, em vez de deixar que os sentimentos negativos afetem suas determinações.

Posso afirmar então que ser resiliente não é apenas demonstrar força, mas também é ter a convicção de que todas as adversidades podem ser superadas. E elas podem ser superadas. Acredite.

Entendo que fica difícil ver um horizonte quando nos encontramos no vale. A profundidade dos seus problemas o impede de ver além das paredes, e às vezes impedem até de acreditar que há algo bom além das paredes, mas acredite, há um jardim lindo após o vale.

Ser resiliente significa continuar enxergando que haverá sol após a tempestade.

A principal maneira de querer aumentar sua resiliência é ter vontade.

A resiliência nos ajuda a lidar com os desafios da vida de várias maneiras. Em primeiro lugar, a resiliência nos ajuda a manter o equilíbrio emocional em situações estressantes. Em vez de se sentir sobrecarregado ou desesperado, uma pessoa resiliente é capaz de manter a calma e encontrar uma solução.

Em segundo lugar, a resiliência nos ajuda a lidar com a mudança. Uma pessoa resiliente é capaz de se adaptar a novas situações e encontrar uma maneira de seguir em frente.

Em terceiro lugar, a resiliência nos ajuda a aprender com as experiências. Uma pessoa resiliente é capaz de extrair lições valiosas de situações desafiadoras e usá-las para crescer e se desenvolver.

Felizmente, a resiliência é uma habilidade que pode ser desenvolvida. Há muitas estratégias que podemos usar para aumentar nossa resiliência, como cultivar um forte sistema de suporte social, desenvolver habilidades de resolução de problemas e praticar a autocompaixão.

A seguir, nos próximos capítulos, irei abordar maneiras de como se tornar uma pessoa mais resiliente.

2

A Resiliência e a Psicologia

Na Psicologia positiva se utiliza com frequência abordagem do termo resiliência. As principais formas para que você se torne mais resiliente vão de encontro à ter uma atitude positiva, sempre ver as situações com otimismo, buscar regulação de suas emoções, construir sua habilidade de enxergar o fracasso e controlar os impactos do estresse.

A resiliência pode ser uma forma de melhorar a sua qualidade de vida. Ainda, vale relembrar que essa habilidade não é um dom mágico, mas, sim, uma forma de trabalho mental e emocional para lidar com as dificuldades.

Dessa maneira, para psicologia, a resiliência pode ser definida como a capacidade ou tendência de recuperar.

Vale ressaltar que as sessões de terapia podem ajudar as pessoas a se tornarem mais resilientes. Justamente pelo fato de que, Como eu citei no capítulo anterior, fica difícil enxergarmos além do vale, que é o problema que estamos.

O terapeuta auxilia para que você veja além do que você consegue chegar no momento. Ele te mostra caminhos que estavam ali na sua frente, mas que a forma como você lida com seus problemas impedem de vê-los. Ele também pode trabalhar diversas questões, que podem ser fatores impeditivos para a resiliência.

Portanto, procurar ajuda psicológica é uma das formas de se tornar uma pessoa mais resiliente.

Estamos numa evolução positiva da sociedade contemporânea, em que têm sido desmistificados quem procura ajuda psicológica. Todos precisam de ajuda.

A Psicologia aproveitou o termo e criou a resiliência psicológica (ou resiliência emocional).

O termo resiliência, dentro da psicologia, se refere à habilidade das pessoas responderem às frustrações e estresses diários, em todos os níveis, com superação e recuperação emocional.

Viktor Frankl, psiquiatra austríaco enquanto prisioneiro em um campo de concentração, escreveu o livro "Em busca de Sentido" contendo a máxima: "Quem tem um "porquê", enfrenta qualquer "como"".

Embora estivesse vivendo em condições desumanas à época, o autor observou que outras pessoas na mesma situação enlouqueciam e se deixavam morrer, ao passo que outras sobreviveram e se mantiveram ativas.

A esta capacidade de retomar a vida existente em um fio, no qual ele chamou de resiliência.

"Quando não conseguimos mais mudar uma situação, temos o desafio de mudar a nós mesmos." (Viktor Frankl)

Para ele, o sucesso e a felicidade são o resultado da dedicação pessoal a uma causa maior. O que Frankl quer nos dizer é que precisamos desenvolver projetos que tragam um sentido à nossa existência, pois isso nos torna pessoas mais resilientes frente às adversidades da vida.

Priorizar em sua vida aquilo que te traz felicidade e satisfação pessoal.

Quando temos um projeto maior para nos apoiar, algo a trabalhar e desenvolver, passamos a entender que os problemas são apenas obstáculos a serem superados.

Os problemas se tornam apenas experiências negativas e o que prevalece é algo muito maior.

Então, simplesmente faça algo por você, algo importante, por mais simples que possa parecer.

Quando você tentar compreender suas próprias emoções, poderá constatar que não é tão fácil. Isso se dá porque vivemos usualmente sem entrar em contato com as nossas emoções e isso pode nos confundir bastante. Estar atento aos nossos sentimentos é uma das maneiras mais simples de desenvolver nossa capacidade de enfrentamento emocional.

Então, quando você entra em contato com as suas emoções, você se torna mais ágil na busca por aquilo que realmente te faz bem.

A resiliência é um mecanismo de proteção que dá a força necessária para a recuperação física e emocional após um evento adverso. Ou seja, quanto maior a sua capacidade de ser resiliente, menor o risco de desenvolver doenças mentais e de se sentir desamparado e oprimido.

Quando você não trabalha sua resiliência, fica facilmente sobrecarregado e pode recorrer a mecanismos de enfrentamento prejudiciais, como álcool e drogas. A Psicologia tem um papel fundamental para te ajudar nisto, prevenindo doenças psicossomáticas. Em resumo, sendo resiliente você é capaz de usar as emoções prontamente a seu favor, de maneira saudável e positiva.

As árvores são um exemplo clássico de resiliência na natureza. Elas são capazes de suportar ventos fortes, incêndios florestais e até mesmo incêndios. Algumas espécies de árvores têm a capacidade de regenerar-se após terem sido queimadas, crescem novos ramos e folhas e continuam a vida.

Em primeiro lugar, a resiliência não é estática. Você pode desenvolvê-la ou mesmo reduzi-la, conforme a maneira com que reage aos fatos da vida. É preciso fazer autoavaliações e trabalhar os aspectos que estão precisando de atenção. Em geral, os pontos mais comuns entre as pessoas resilientes são a autoconsciência, o apoio social, o locus de controle, a auto estima, o otimismo, a habilidade de resolução de problemas, a autorregulação e o autocuidado.

Na autoconsciência é fundamental conhecer seus pontos fortes e fracos e desenvolver estratégias que recrutem seus recursos internos quando necessário. Apoio social é muito importante, é um erro pensar que resiliência é não depender de ninguém. Pelo contrário, também inclui saber reconhecer quando é necessário confiar e pedir ajuda. Locus de controle interno é acreditar que muitas coisas só dependem de você para darem certo.

A autoestima é a capacidade de reconhecer e apreciar as próprias qualidades para usá-las nas situações adversas. O otimismo te garantirá que mesmo durante a tempestade, você acredite que o sol voltará a brilhar uma hora ou outra.

A habilidade de resolução de problemas é um arsenal de conhecimentos e estratégias para solucionar desafios e superar obstáculos.

A autorregulação emocional cria técnicas de redução do estresse e da ansiedade.

Autocuidado é essencial para preservar a saúde mental, emocional e física. Deve ser uma prioridade.

3

Lidando com as Adversidades

Cada um tem uma forma única de lidar com os traumas, com o estresse e com as dificuldades. No entanto, há aqueles que parecem se "recuperar", de forma mais rápida. Esse tipo de resiliência é almejado, pois, todos precisam seguir com suas vidas e saber deixar para trás é um benefício para se viver com qualidade.

A resiliência é a chave para superar situações difíceis. Ademais, essa habilidade pode ser trabalhada para ser desenvolvida. Então trago para você algumas dicas de como ser uma pessoa resiliente e se afetar o menos possível com as situações adversas.

Tente ser adaptável - Uma pessoa resiliente tem flexibilidade, ela consegue ter diferentes pontos de vista e assim se adaptar às situações através de ajustes. Tente sempre ver a situação de outra maneira, por outro ponto de vista. Do ponto de vista negativo, do lado ruim da coisa é natural que seja visto em primeiro plano. Então é necessário que você trabalhe seu psicológico para respirar e tentar outros lados da situação. Esse treino deve sempre ser feito para você se tornar mais resiliente.

Faça o seguinte exercício, quando estiver só fale em voz alta os problemas pelos quais você está passando, repita quantas vezes achar necessário até que você se escute e consiga ver por outros ângulos.

Tente destacar algo positivo do momento em que você está vivendo. Afunile destacando algo positivo da situação que você está passando. Caso não consiga enxergar nada de positivo para agora pense em algo positivo que essa situação pode trazer a longo prazo. Nem que seja o aprendizado que você terá, ou a sua força que será adquirida.

É importante para a resiliência cultivar o autoconhecimento pois conhecer a si mesmo é fundamental para lidar com situações adversas. Isso inclui reconhecer suas forças, restrições e padrões de comportamento.

Buscar o autoconhecimento pode ser um processo desafiador, mas há algumas estratégias que podem ajudar a alcançá-lo.

Praticar a meditação é uma delas. A meditação é uma prática que ajuda a acalmar a mente e a focar no momento presente. Ela pode ajudar a desenvolver a consciência sobre seus pensamentos e emoções.

Fazer terapia também é uma boa estratégia. A terapia pode ajudar a identificar padrões de comportamento, emoções e crenças que possam estar limitando seu crescimento pessoal. Um terapeuta pode fornecer um ambiente seguro e confidencial para discutir questões pessoais e ajudá-lo a desenvolver habilidades emocionais.

Faça atividades criativas, a criatividade pode ajudar a acessar partes de si mesmo que não são facilmente acessíveis. Isso pode incluir escrever, desenhar, pintar, dançar ou tocar um instrumento musical.

Ler e refletir é um passo importante rumo à resiliência, pois ler livros de autoajuda e filosofia podem te ajudar a expandir a compreensão de si mesmo e do mundo. Refletir sobre suas leituras pode ajudar a integrar novas ideias e conceitos em sua vida.

Converse com amigos e familiares. Conversar com pessoas próximas pode ajudar a obter feedback sobre sua personalidade e comportamento. Eles podem ajudá-lo a ver seus pontos fortes e fracos e fornecer apoio emocional.

Após buscar se conhecer, pratique a autocompaixão. Praticar a auto compaixão envolve tratar-se com gentileza, compaixão e aceitação, em vez de crítica e julgamento. Algumas estratégias para praticar a autocompaixão incluem reconhecer e aceitar suas emoções ao invés de resistir ou negá-las, se permitindo senti-las e aceitá-las. Reconheça que você é humano e que todos experimentam emoções desconfortáveis de vez em quando.

Fale com você mesmo com bondade, pois, você se pega criticando a si mesmo, tente mudar a forma como fala consigo mesmo. Em vez de se criticar, trate-se com bondade e compaixão. Fale consigo mesmo como falaria com um amigo querido que estivesse passando por dificuldades. Todos estão passíveis ao erro. Pratique a auto gratidão e reconheça as coisas boas em sua vida e agradeça a si mesmo por seus esforços e conquistas. Isso pode ajudar a cultivar um senso de valor próprio e aumentar sua resiliência.

Priorize o autocuidado e tire um tempo para cuidar de si mesmo. Isso pode incluir coisas como meditação, exercícios físicos, sono adequado, nutrição adequada e tempo para relaxar e se divertir. Não só pratique a compaixão consigo, mas também com os outros. Quando você é compassivo com os outros, isso pode ajudá-lo a desenvolver a autocompaixão. Pense em como você se sentiria ao ser compassivo com um amigo que está passando por dificuldades e aplique essa mesma compaixão a si mesmo.

Gerar ou manter sentimentos ruins dentro de si, mesmo que contra pessoas que te magoaram, só diminui a sua capacidade de lidar com as adversidades, te enfraquece. O mal dentro de si, só envenena o hospedeiro.

21

4

Construindo Relacionamentos Saudáveis

Compartilhar momentos felizes, ter apoio nas dificuldades, ser aceito como se é verdadeiramente e não precisar mudar o comportamento, todos almejamos por ter um relacionamento saudável. Afinal, as relações sociais são fundamentais para o desenvolvimento pessoal – e aqui não me refiro apenas às relações amorosas. As relações vão muito além e envolvem a família, as amizades e até o círculo de convívio no trabalho.

Precisamos uns dos outros para seguir e evoluir. Porém, nem sempre é fácil e cair em ciladas é mais comum do que você imagina. Em alguns casos, a toxicidade pode envolver a saúde física da pessoa. Muitos relacionamentos se tornam tóxicos porque a relação entre os membros carece de tempo para pensar e agir.

Você deve estar se perguntando: 'como assim?'. É comum ver pessoas que querem resolver algo, e o fazem de maneira impulsiva, e logo após, se arrependem. Com isso, a relação se desgasta porque vai haver o excesso de pedido de desculpas e consequentemente o excesso de perdão. Essa postura tem o poder de fazer com que o comportamento entre os membros perca a credibilidade com o passar do tempo, pois, aquele que pede desculpas constantemente, acaba sendo o mesmo que irá agir de maneira impulsiva novamente.

Desta forma, o diálogo deve ser a base de um relacionamento para o casal poder expor os aspectos que os incomodam. As pessoas que se relacionam de forma saudável costumam também entender que o outro tem direito a espaço, ou seja, entendem que o outro precisa construir outras fontes de vínculos para que não dependa de atenção de uma única fonte. Quero dizer com isso que, os membros da relação são capazes de compreender que o outro pode participar sem a sua companhia da confraternização da empresa, se esta o faz apenas para seus funcionários, por exemplo.

Relacionamentos saudáveis são importantes para desenvolver a resiliência. Vamos explorar como podemos construir relacionamentos positivos e apoiadores, e como esses relacionamentos podem nos ajudar a enfrentar os desafios da vida.

Relacionamentos saudáveis são essenciais para uma vida feliz e gratificante. Se você tem uma pessoa, amigo, pai, mãe, companheiro, companheira, irmã, irmão ou qualquer um com que esteja ao seu lado na jornada da vida, basta avaliar qual requisito de uma relação saudável vocês precisam aprimorar e esses pontos importantes para que a relação seja de fato saudável eu vou te contar aqui. Os relacionamentos são muito importantes para se obter apoio emocional, pois, numa relação saudável, você pode encontrar apoio emocional quando precisar. Seja um parceiro, amigo ou familiar, ter alguém em quem confiar e contar em momentos difíceis pode ajudá-lo a enfrentar os desafios da vida com mais facilidade.

Seus relacionamentos precisam oferecer companheirismo. Com o companheirismo vem a oportunidade de compartilhar interesses e atividades com outra pessoa. Isso pode levar a uma sensação de conexão e pertencimento, o que é importante para a saúde mental.

Ter um relacionamento saudável pode ajudar a reduzir o estresse. Ter alguém com quem você possa conversar, que possa ajudá-lo em tarefas e que possa compartilhar a carga pode tornar as dificuldades da vida mais fáceis de lidar. Também colabora para o aprendizado e crescimento, ajudando a aprender e crescer como pessoa. Ao compartilhar ideias, opiniões e perspectivas com outra pessoa, você pode expandir sua compreensão do mundo e aprimorar suas habilidades de comunicação.

Quando se está num relacionamento que de fato é saudável você consegue obter felicidade e satisfação. Os relacionamentos saudáveis podem trazer felicidade e satisfação à sua vida. Ter um parceiro ou amigo com quem você possa compartilhar alegrias e sucessos pode tornar a vida mais gratificante. Além de trazer melhoria da saúde física e mental. Essas relações podem melhorar sua saúde física e mental. Estudos mostram que pessoas com relacionamentos próximos e positivos têm uma menor incidência de problemas de saúde mental e uma melhor saúde física. É isso mesmo, um dos benefícios de um relacionamento saudável é a longevidade, esses relacionamentos podem levar a uma vida mais longa. Estudos mostram que pessoas com conexões sociais fortes têm uma vida mais longa e saudável do que aquelas que são socialmente isoladas.

Em resumo, relacionamentos saudáveis são importantes porque nos fornecem apoio emocional, companheirismo, reduzem o estresse, promovem o aprendizado e crescimento, trazem felicidade e satisfação, melhoram a saúde física e mental e nos ajudam a viver mais tempo.

5

Cuidando De Si Mesmo

O autocuidado se refere ao conjunto de ações que cada indivíduo exerce para cuidar de si e promover melhor qualidade de vida para si mesmo. A forma de fazer isso deve estar em consonância com os objetivos, desejos, prazeres e interesses de cada um e cada pessoa deve buscar maneiras próprias de se cuidar.

Cuidar de si mesmo é fundamental para ter uma vida saudável e feliz. Existem diversas razões pelas quais cuidar de si mesmo é importante para que você consiga se tornar mais resiliente.

Sigmund Freud, criou a psicanálise, e deu um destaque especial aos Mecanismos de Defesa, que costumamos utilizar com frequência para não nos permitirmos entrar em contato com a nossa sombra, o lado que escondemos de nós, porque não gostamos de nos confrontar com seus conteúdos. Um desses mecanismos é a projeção. A minha tendência de jogar no outro aquilo que me pertence e que eu não gosto: como não gosto de sentir em mim, eu jogo em você porque é mais fácil para meu ego lidar. Mas olhar para si, com amor e se enxergar é um exercício diário e cheio de benefícios, nem sempre fácil.

Você já deve ter se deparado com uma situação em que você vê uma pessoa e antipatiza com ela do nada! Certamente é um espelho que chegou de repente à sua frente. Essa projeção, eu preciso trazer de volta para mim, porque eu não posso mudar meu irmão, meu pai, minha esposa ou esposo, o chefe, o amigo. Só posso mudar a mim mesmo se assim o quiser. E para fazer isso, preciso ter consciência de que parte do que estou projetando no outro precisa retornar até mim.

O autoconhecimento é fundamental para entendermos por que agimos e reagimos de uma determinada maneira e também para reconhecermos nossas qualidades e pontos fracos. Assim, quando sabemos no que devemos melhorar e quais são as nossas potências, fica mais fácil encarar os desafios do dia-dia e entender que, na verdade, somos sim capazes de lidar com as dificuldades diárias de uma forma muito melhor do que imaginamos.

Esse exercício de se conhecer, portanto, também compõe o autocuidado, pois lhe traz confiança e te permite expandir e superar crenças limitantes como "não sou capaz" ou "não sou merecedor".

O autocuidado é uma prática importante que envolve cuidar de si mesmo de maneira consciente e intencional, buscando manter a saúde física, mental e emocional.

Em primeiro lugar, isso inclui uma alimentação saudável, exercícios regulares, sono adequado e evitar comportamentos prejudiciais à saúde, como fumar ou beber em excesso. Todas essas coisas podem ajudar a prevenir doenças e promover uma vida saudável.

Cuidar da sua saúde mental pode incluir dar um tempo e se afastar de pessoas que apesar do amor inerente, estão sempre te colocando numa posição de vulnerabilidade e tristeza. O importante é ficar menos estressado. Valorizar o seu tempo consigo e com quem entende o seu valor.

Você não precisa se moldar para se enquadrar nas expectativas do outro. Você pode simplesmente se afastar para não precisar lidar com esse tipo de desconforto.

Quando você começa a cuidar de si, também aumenta a sua autoestima e sua confiança. Quando você cuida de si mesmo, você se sente melhor consigo mesmo e é mais capaz de enfrentar desafios.

Quando você está se sentindo bem consigo mesmo, é mais capaz de se relacionar com os outros de uma forma positiva e saudável. Cuidar de si mesmo também é importante para relacionamentos saudáveis. Cuidar de si mesmo também pode ajudar a aumentar a produtividade. Quando você está se sentindo bem consigo mesmo, é mais capaz de se concentrar nas tarefas e ser mais eficiente no trabalho ou em outras atividades. Já esteve em um dia que não estava bem emocionalmente e sua produtividade foi bem baixa em função disso? Em contrapartida, quando sua saúde mental está boa e você se sente feliz tudo pode ser melhor.

Ao priorizar o autocuidado você leva uma vida mais feliz e satisfatória. Quando você está se sentindo bem consigo mesmo, é mais capaz de desfrutar das coisas boas da vida e apreciar as pessoas e experiências ao seu redor.

Em resumo, cuidar de si mesmo é importante porque promove uma boa saúde física e mental, aumenta a autoestima e a confiança, ajuda a construir relacionamentos saudáveis, aumenta a produtividade e leva a uma vida mais feliz e satisfatória.

Se priorize para que o resto aconteça.

31

6

Enfrentando o Futuro com Confiança

Enfrentar o futuro com confiança pode ser um desafio para muitas pessoas, especialmente quando se trata de lidar com incertezas e mudanças. No entanto, aqui estão algumas estratégias que podem ajudá-lo a enfrentar o futuro com mais confiança.

Mas como ter confiança em meio a tantas incertezas? O que seria essa tal autoconfiança?

Foi por acreditar no futuro que nós chegamos até aqui. Milhares de anos atrás, nossos antepassados saíram para caçar. O instinto de sobrevivência prevalecia sobre qualquer outro desejo. A caça era a forma como nós usávamos para nos manter vivos. Era através da caça que no dia seguinte tínhamos o que comer. Literalmente matávamos para sobreviver. Não era tudo feito projetando o futuro, mas sim o agora, o que comer, como sobreviver mais um dia.

Apesar da mudança de desejos, o ser humano sempre demonstrou esperança. O Homo erectus, um humano de feições macacadas que deixaria dois descendentes antes de acabar extinto, saiu da África para viver o frio da Europa. Lá eles evoluíram até virar neandertais e os que sobreviveram à seleção natural resultaram em nós, os Homo sapiens.

Nesta época, tivemos as primeiras expressões de trocas humanas. O tipo de troca realizada nesta época não passava nem perto do que hoje chamamos de comércio, mas trocávamos alimentos por outros que não conseguíamos encontrar; alguns trocavam objetos construídos por outros objetos; e assim, aos poucos, fomos evoluindo nossa forma de realizar trocas. Do escambo até o dinheiro em papel e por fim o dinheiro eletrônico foram muitos anos – bota anos nisso! No decorrer de todos esses anos, fortalecemos algo que agregou mais sentido a nossa existência: a confiança.

O sistema financeiro é a expressão empírica da confiança. Confiamos que o outro pagará o valor devido, por isso continuamos emprestando; confiamos que todo o sistema, ou boa parte dele, respeitará as regras pré-estabelecidas, por isso continuamos exercendo nossas funções na sociedade; confiamos no cumprimento dos contratos estabelecidos entre os agentes econômicos e por isso continuamos produzindo. É o ato de confiar, de acreditar que no futuro aquela evolução do *Homo erectus* honrará com seus compromissos estabelecidos no presente ou no passado que continuamos exercendo nossos papéis sociais.

Exercer a confiança no futuro também pode ser um exercício para a resiliência. Defina objetivos. Estabelecer objetivos claros e realistas pode ajudá-lo a ter uma visão clara do que deseja alcançar e um plano para chegar lá. Isso pode dar a você um senso de propósito e direção, o que pode aumentar sua confiança para lidar com o futuro. Estabelecer objetivos claros e realistas é uma ótima maneira de ter uma visão clara do que se deseja alcançar e definir um plano de ação para chegar lá. Quando se tem objetivos definidos, se tem um propósito e direção a seguir, o que pode aumentar a motivação e a confiança em si mesmo para enfrentar os desafios que virão ao longo do caminho. Ao estabelecer objetivos realistas, é importante que eles sejam alcançáveis, mas também um pouco desafiadores. Isso ajuda a manter o foco e a motivação, além de oferecer um senso de realização ao atingir esses objetivos. É importante também que os objetivos sejam específicos e mensuráveis, para que possam ser acompanhados ao longo do tempo e ajustados, se necessário.

Ter objetivos claros e realistas pode ajudar a aumentar a autoestima, a confiança e a sensação de controle sobre a própria vida.

Pratique a resiliência. Ser resiliente significa ser capaz de lidar com as mudanças e desafios que a vida apresenta. Praticar a resiliência pode ajudá-lo a se adaptar a situações difíceis e a lidar com a incerteza. Isso pode aumentar sua confiança em sua capacidade de enfrentar o futuro. Tente superar, seguir lutando apesar dos percalços que virão.

Foque no presente. Embora seja importante ter objetivos e um plano para o futuro, também é importante estar presente no momento presente. Isso pode ajudá-lo a aproveitar ao máximo cada momento e a se sentir mais confiante em sua capacidade de lidar com o que vier a seguir.

Aprenda com o seu passado. Não dá para voltar atrás, desfazer os traumas, as dores e as mágoas, mas dá para você analisar suas experiências passadas, aprender lições valiosas e aplicá-las no futuro. Isso pode ajudá-lo a se sentir mais confiante em sua capacidade de lidar com situações semelhantes que possam vir a acontecer.

Busque apoio, como dito anteriormente é importante ter uma rede de apoio de amigos, familiares e colegas em quem possa confiar para ajudá-lo a enfrentar o futuro com mais confiança. Busque pessoas positivas e solidárias que o incentivem a seguir em frente. Esteja perto de quem acredita no seu potencial e torce pelas suas vitórias.

Tenha em mente que, enfrentar o futuro com confiança requer prática e paciência. Definir objetivos, praticar resiliência, cuidar de si mesmo, aprender com o passado, focar no presente e buscar apoio podem ajudá-lo a construir uma base sólida para enfrentar qualquer desafio que o futuro possa apresentar.

7

Aprendendo com as situações

A vida é um aprendizado constante e impulsiona-nos à dinâmica de sempre estarmos abertos para aprender o novo. De tudo o que nos acontece, precisamos ter a capacidade e a coragem de obter um ensinamento para a nossa vida, ainda que seja na situação mais adversa.

A resiliência trabalha com a habilidade de, por meio de experiências negativas, aprender lições. Dessa maneira, quando acontece alguma situação ruim ou complicada, é preciso não focar em coisas, como:

— Quem é o culpado?

— Por que algo ruim aconteceu comigo?

E ainda:

— A vida é injusta.

Se vitimizar não ajudará a lidar com os problemas. Parte de crescer e se tornar maduro é aceitar que não adianta reclamar da vida, temos que aprender com ela e superar. Logo, pessoas resilientes costumam se perguntar o que aprenderam com a situação para, na próxima vez, poder tomar atitudes diferentes.

Aprender com as situações é uma habilidade importante para desenvolver a resiliência. Algumas estratégias para aprender com as situações incluem refletir sobre a situação em que você está vivendo. Dedique tempo para refletir sobre a situação e o que aprendeu com ela. Pergunte-se o que deu certo e o que deu errado, e como você pode fazer diferente na próxima vez.

Faça sempre anotações, escreva seus sonhos. Visualize aquilo que você deseja. Isso torna mais próximo de realizar. Mantenha um diário ou caderno para anotar suas reflexões e lições aprendidas. Isso pode ajudá-lo a lembrar de suas experiências e a aplicar as lições aprendidas no futuro.

Não tenha medo de buscar feedback. Para muitos isso pode ser um desafio, mas exercite pedir feedback de outras pessoas envolvidas na situação, sejam elas colegas de trabalho, amigos ou familiares. Isso pode ajudá-lo a obter perspectivas diferentes e a identificar áreas de melhoria.

Adote uma mentalidade de crescimento, em vez de se concentrar apenas nos erros e fracassos, adote uma mentalidade de crescimento e veja a situação como uma oportunidade para aprender e crescer. Às vezes dá vontade de agir como uma criança birrenta e apenas bater os pés no chão quando algo dá errado, mas você pode e tem como mudar a sua mentalidade e ver com olhar de aprendizado. Experimente novas abordagens, use o que aprendeu com a situação ruim para experimentar novas abordagens e estratégias. Isso pode ajudá-lo a enfrentar situações semelhantes de forma mais eficaz no futuro.

Nunca se esqueça de ser grato. Reconheça as coisas boas que surgiram da situação, mesmo que tenha sido difícil. Isso pode ajudá-lo a encontrar significado e propósito em suas experiências. E ao aprender com as situações, você pode desenvolver uma maior habilidade para lidar com desafios futuros e crescer pessoalmente e profissionalmente.

Procure formas de liberar o estresse e a tensão. Em alguns momentos, é preciso procurar formas de liberar sentimentos negativos. Assim sendo, há formas de aprender a lidar com emoções difíceis. A terapia é a principal maneira de aprender a lidar com esses sentimentos. Todavia, algumas formas alternativas para lidar com a tensão é por meio de meditação, da prática de hobbies e esportes ou de formas de expressão, como escrever diários.

Liberar o estresse e a tensão é importante para o bem-estar físico e mental. Algumas formas de liberar o estresse e a tensão incluem exercícios físicos. A atividade física é uma forma eficaz de liberar o estresse e a tensão. Praticar exercícios regularmente pode ajudar a reduzir os níveis de estresse e aumentar a sensação de bem-estar.

Para alguns a meditação é uma excelente maneira de liberar o estresse. A meditação é uma técnica de relaxamento que pode ajudar a acalmar a mente e o corpo. Praticar meditação regularmente pode ajudar a reduzir a ansiedade, o estresse e a tensão.

Sempre que puder faça uma respiração profunda. É uma técnica simples e eficaz para liberar o estresse e a tensão. Inspire profundamente pelo nariz, segure a respiração por alguns segundos e expire lentamente pela boca. Busque por práticas de relaxamento. Existem diversas práticas de relaxamento, como yoga, tai chi, massagens, acupuntura e aromaterapia, que podem ajudar a aliviar a tensão muscular e promover o relaxamento.

Sempre que puder socialize. É importante passar um tempo com amigos e familiares. Pode ajudar a aliviar o estresse e a tensão. Conversar com outras pessoas, rir e se divertir pode ajudar a reduzir os níveis de estresse e aumentar a sensação de bem-estar.

Por fim, tire sempre um tempo para si mesmo, isso pode ajudar a reduzir o estresse e a tensão. Dedique um tempo para fazer algo que você goste, como ler um livro, ouvir música, assistir a um filme ou tomar um banho relaxante.

Ao incorporar essas práticas em sua rotina, você pode liberar o estresse e a tensão e promover um maior bem-estar físico e mental.

8

Confie em si mesmo

Para se tornar uma pessoa resiliente é preciso trabalhar, também, a autoestima e a autoconfiança. Dessa maneira, é preciso reconhecer suas qualidades, acreditar em si mesmo, ter autoestima, saber se amar e saber se respeitar.

Confiar em si mesmo traz diversas vantagens para a qualidade de vida para você, tais como, alcançar metas, ter maior produtividade, saber lidar com críticas, ter satisfação pessoal, conseguir lidar com situações negativas, ser mais calmo e ter mais "paz interior". Tenha relacionamentos de apoio em sua vida, como família e amigos, são uma forma de desenvolver a resiliência. Afinal, os relacionamentos positivos e saudáveis são uma forma de apoio para tranquilizar.

Desse modo, pessoas com bases de apoio conseguem se recuperar melhor de situações difíceis.

A autoconfiança é a capacidade de acreditar em si mesmo acima de tudo. É diferente do egocentrismo, definido pelo culto a si mesmo. Pessoas egocêntricas colocam as suas necessidades e vontades em primeiro lugar, mas se esquecem das dos outros. Já pessoas autoconfiantes respeitam os limites e as necessidades dos demais e valorizam o esforço conjunto.

Ser autoconfiante é também acreditar na sua capacidade de realizar qualquer coisa que quiser, independentemente das dificuldades, dos possíveis imprevistos e da muito comum, falta de apoio. Até mesmo quando a situação não parecer favorável, acredite em sua capacidade de aprender e de encontrar os recursos necessários para alcançar os seus objetivos.

Um aspecto importante é que a autoconfiança também significa confiar no seu próprio julgamento, mas manter a mente aberta para possibilidades de mudança. O quanto você está confiante do seu próprio julgamento? O quanto está aberto para mudanças?

Essa convicção ajuda as pessoas a darem o primeiro passo em direção a realização das suas vontades diante do desconhecido. Tanto o excesso de autoconfiança quanto a falta de confiança em si mesmo pode ser prejudicial. Quem acredita demasiadamente em sua própria capacidade pode deixar de se preparar para algo por não ver a necessidade e acabar subestimando situações e pessoas.

Embora ser confiante seja essencial para vencer desafios, é preciso manter os pés no chão e lembrar de que não sabemos de tudo. Já a falta de autoconfiança pode levar a acreditar no não merecimento e na incompetência e assim, pode te fazer desistir de realizar os seus objetivos, seja receber uma promoção ou passar em um concurso público, antes mesmo de tentar. Na sua cabeça, você já fracassou.

Confiar em si mesmo pode ser uma habilidade desafiadora, mas é essencial para viver uma vida plena e satisfatória. Aqui estão algumas estratégias que podem ajudar a desenvolver a autoconfiança:

Conheça seus pontos fortes. Identifique suas habilidades e pontos fortes e use-os para construir sua autoconfiança. Quando você reconhece o que faz bem, pode usá-los como base para alcançar seus objetivos. Opte sempre por definir inicialmente objetivos alcançáveis. Definir metas que sejam realistas e alcançáveis pode ajudá-lo a aumentar sua autoconfiança. Quando você alcança uma meta, você se sente mais capaz e confiante.

Seja gentil consigo mesmo. Trate-se com compaixão e gentileza. Todos cometem erros e enfrentam desafios, mas não deixe que esses erros afetem sua autoestima. Em vez disso, aprenda com eles e siga em frente.

Aprenda a tomar decisões. Tomar decisões é uma parte importante da vida. Aprenda a confiar em suas decisões e aceitar a responsabilidade por elas. Lembre-se de que nem sempre haverá uma decisão certa ou errada, mas tomar uma decisão é melhor do que não tomar nenhuma.

Pratique a autodisciplina. Quando você é disciplinado e segue suas metas, você constrói sua autoconfiança. Crie hábitos saudáveis, estabeleça limites e mantenha-se fiel a eles.

Desafie-se. Coloque-se em situações desafiadoras que ajudem a construir sua autoconfiança. Tente algo novo, aprenda uma habilidade ou participe de um evento que o deixe desconfortável.

Confiar em si mesmo é uma habilidade que pode ser desenvolvida ao longo do tempo. Com prática e perseverança, você pode construir sua autoconfiança e alcançar seus objetivos.

9

Benefícios de ser resiliente

A resiliência pode trazer diferentes vantagens para o desenvolvimento pessoal e a qualidade de vida. As principais razões para buscar a resiliência são a melhora na produtividade e maior habilidade de solução de problemas.

Ser resiliente também reduz comportamentos de risco, como consumo de drogas e, até mesmo, transtornos psicológicos (depressão e ansiedade). E contribui para um maior envolvimento com as relações interpessoais. Traz uma redução do estresse: A resiliência ajuda a reduzir o estresse, permitindo que você lide melhor com situações difíceis e desafios. Quando você é resiliente, você tem mais controle sobre seus pensamentos e emoções, o que pode reduzir a ansiedade e o estresse.

A resiliência melhora da saúde mental: A resiliência está associada a uma melhor saúde mental, incluindo menor incidência de transtornos mentais, como ansiedade e depressão. Aumenta a autoconfiança: Quando você é resiliente, você aprende a confiar em suas habilidades e capacidades. Isso pode aumentar sua autoestima e autoconfiança.

A pessoa resiliente possui maior capacidade de adaptação: A resiliência permite que você se adapte melhor a mudanças e situações difíceis. Isso pode ajudá-lo a superar obstáculos e a se recuperar mais rapidamente de eventos estressantes. No trabalho ser resiliência reduz riscos de doenças e traz benefícios ao dia a dia. O estresse profissional é um tema que vem sendo discutido constantemente por especialistas no assunto e atualmente faz parte das mais diferentes áreas e setores do mercado de trabalho. Ao contrário do que muitos pensam, essa situação não está restrita somente aos profissionais que exercem altos cargos em grandes empresas.

O problema está presente em todos os níveis hierárquicos, nos mais diversos tipos de empresas, e se intensifica à medida que aumentam as cobranças, responsabilidades, competitividade, longas jornadas de trabalho, entre outras características muito peculiares da globalização.

Quando você exercitar a resiliência, poderá observar uma melhora no seu desempenho. Ser resiliente pode melhorar seu desempenho em várias áreas da vida, incluindo no trabalho e nos relacionamentos. Quando você é resiliente, você é capaz de se concentrar em seus objetivos e persistir em face de desafios.

Ser resiliente aumenta a criatividade. A resiliência pode ajudar a desenvolver habilidades criativas e inovadoras. Quando você é resiliente, é capaz de pensar fora da caixa e encontrar soluções criativas para problemas. Também obtém uma melhora da qualidade de vida. A resiliência está associada a uma melhor qualidade de vida em geral. Quando você é resiliente, você é capaz de lidar melhor com as dificuldades e aproveitar mais plenamente as coisas boas da vida.

Esses são apenas alguns dos muitos benefícios de ser resiliente. Desenvolver a resiliência pode ser uma habilidade valiosa em várias áreas da vida, incluindo no trabalho, nos relacionamentos e na saúde mental.

10

Seguindo uma Vida de Superação

O dicionário define superação como o ato de alcançar vitória sobre algo ou alguém. A superação está diretamente ligada à resiliência e ao processo evolutivo. Superar é vencer as adversidades e os momentos difíceis, e é também, aprender a ressignificar as nossas janelas da mente.

O ato de superar faz parte da nossa rotina, quando, por exemplo, determinamos nossas metas de vida e buscamos formas e caminhos para alcançá-las. A pandemia e o isolamento podem ter sido grande fonte de estresse para quem não estava assumindo o controle de sua própria mente, por isso, precisamos estabelecer como meta que sempre seremos protagonistas no grande palco da nossa vida. A melhor forma de ter uma mente emocionalmente saudável é superando essa fase desafiadora ao ressignificar tudo que estamos vivendo: nós não podemos controlar nossos pensamentos e sentimentos, mas podemos gerenciá-los.

Seguir uma vida de superação é uma jornada desafiadora, mas recompensadora. Isso significa enfrentar seus medos e desafios, buscar constantemente o crescimento pessoal e aprimorar suas habilidades para se tornar a melhor versão de si mesmo, vencer obstáculos e adversidades, e encontrar maneiras de superá-los de maneira positiva e construtiva.

A superação começa com o autoconhecimento, compreendendo suas forças, fraquezas, valores e objetivos. A partir daí, você pode definir metas e trabalhar em direção a elas, superando obstáculos e desafios ao longo do caminho. É importante lembrar que a superação não acontece da noite para o dia, e pode haver altos e baixos ao longo do processo. O importante é persistir.

O primeiro passo para seguir uma vida de superação é estar aberto e disposto a enfrentar desafios.

E para superar desafios, é necessário ter resiliência e persistência. A resiliência e a persistência são duas características relacionadas, mas que se referem a aspectos diferentes. A resiliência está mais relacionada à capacidade de se recuperar de situações difíceis, enquanto a persistência está mais relacionada à capacidade de perseverar em uma determinada tarefa ou objetivo, apesar de enfrentar obstáculos ao longo do caminho.

A resiliência envolve a capacidade de se adaptar a circunstâncias adversas, superar desafios e lidar com situações estressantes ou traumáticas.

Sempre que você se sentir inseguro quanto à sua capacidade de superar um desafio, pense nas vitórias que você já alcançou até aqui. E, mesmo pensando no agora, lembre-se de cada pequeno passo que consegui dar. É importante se lembrar disso porque a mente tem a tendência natural de dar maior destaque para as derrotas, então, forçar-se a relembrar as coisas boas fará com que você se sinta confiante.

Os caminhos para a conquista dos seus objetivos não têm um padrão, não são iguais aos dos outros. Sua trajetória é única, portanto, jamais se compare à ninguém. A busca pelos mesmos caminhos que os demais pode trazer frustração, isso porque ninguém passou pelas mesmas situações e absorveu da mesma maneira, somos únicos e nossos caminhos também.

Você é mais que capaz, e sua opinião sobre isso muitas vezes é comprometida pela pouca visibilidade de futuro que a situação lhe permite ter. Não se culpe por isso, pratique a auto confiança. Você vai conseguir ser e alcançar o que quiser.

Made in the USA
Columbia, SC
19 May 2023

16160179R00033